Alte bayerische Küche

area

Alte bayerische Küche

Autor: Petra Knorr für NOVA Libra medien, Köln
Einbandgestaltung: Derek Gotzen für NOVA Libra medien, Köln
Layout & Satz: Derek Gotzen und Ulrike Jasser für NOVA Libra medien, Köln

Druck und Bindung: Reálszisztéma, Dabas

Printed in Hungary 2003

ISBN 3-89996-081-5

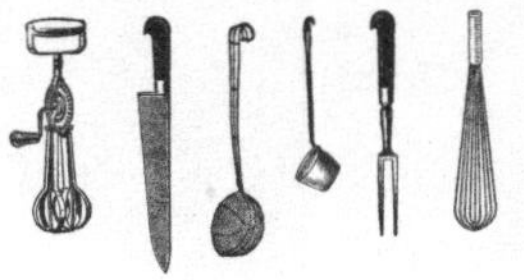

Inhalt

Einleitung

Unter dem weißblauen Himmel in Bayern werden die köstlichsten Schmankerl gekocht. Und damit alle etwas von der herzhaften bayerischen Küche haben, wurden für dieses Buch die beliebtesten traditionellen Schlemmereien zusammengetragen. Es ist eine bodenständige Küche, ohne Schnickschnack und Firlefanz. Alles, was hier auf den Tisch kommt, erhebt den Anspruch auf Frische und hohen Nährwertgehalt. In Bayern werden keine Tüten aufgerissen, um eine Suppe zu kochen – stattdessen führt der Weg auf den Wochenmarkt oder in die vielen Hofläden, wo es frisches Gemüse und gut abgehangenes Fleisch gibt. Erinnern Sie sich noch an den Schweinsbraten, den Sie im Urlaub in Bayern genossen haben? Luftige Semmelknödel mit Pfifferlingen und als Dessert die Bayerische Crème, die auf der Zunge zerging? All diese Rezepte und viele mehr sind in diesem Kochbuch gesammelt, um die traditionellen bayerischen Genüsse zu Ihnen nach Hause zu bringen.
Wir wünschen viel Spaß beim Nachkochen und guten Appetit!

Brotzeit

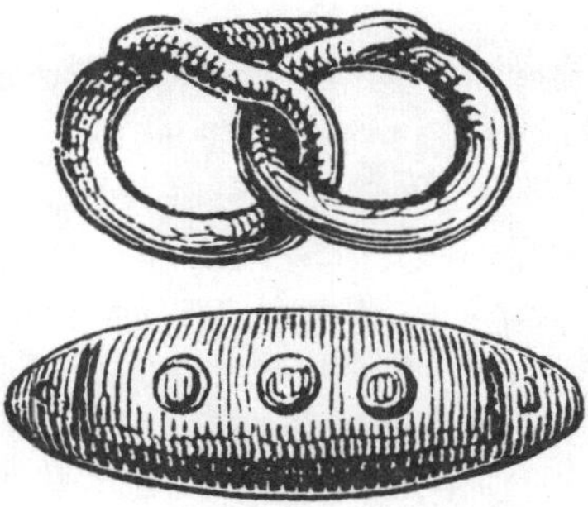

Tellersülze

Für 4 Personen
Zubereitungszeit: 30 Minuten (ohne Wartezeit)
Kochzeit: 2 Stunden

Einkaufsliste/Zutaten

4 Scheiben kalter Schweinebraten
1 Essiggurke
1 Senfgurke
1 Ei

Für den Sülzesud

1 Haxe
2 Schweinefüßchen
Suppengrün
1 rote Zwiebel
2 Knoblauchzehen
Salz
Schwarzer Pfeffer aus der Mühle
1 Tl schwarze Pfefferkörner
8 Wacholderbeeren
1 Nelke
2 Lorbeerblätter
¼ l Obstessig
2 Möhren

Garnierung

1 El Petersilienblättchen

Vorküche

Vom Schweinebraten den Fettrand entfernen. Essig- und Senfgurke in Scheiben schneiden. Ei hart kochen und ebenfalls in Scheiben schneiden.
Haxe und Schweinefüße gründlich waschen. Suppengrün putzen und in grobe Stücke schneiden. Zwiebel und Knoblauch schälen und grob zerteilen.

Zubereitung

Geben Sie die Haxe und die Schweinsfüße mit allen anderen Zutaten und den Gewürzen in einen großen Topf mit 1½ l Wasser und lassen alles auf kleiner Flamme für 1½ Stunden langsam köcheln.
Die beiden Möhren kommen eine halbe Stunde vor Ende der Garzeit mit in den Topf und werden weich gekocht. Anschließend in dünne Scheiben schneiden.
4 tiefe Teller vorbereiten. Legen Sie in jeden Teller eine Scheibe Schweinebraten, der mit Möhren-, Ei- und den Gurkenscheiben umlegt wird.
Mit Petersilienblättchen garnieren.
Schütten Sie den Sud durch ein Sieb, lassen ihn etwas abkühlen und gießen über jeden vorbereiteten Teller so viel von der Flüssigkeit, bis alles bedeckt ist.
Im Kühlschrank 2 Stunden abkühlen lassen.

Servieren

Servieren Sie die herzhafte Tellersülze mit kräftigem Bauernbrot und einem kühlen Bier.

Merkzettel

Die gekochte Haxe unter dem Grill bräunen und separat mit Senf servieren.

Deftiger Krautsalat mit zweierlei Wurst

Für 6–8 Personen
Zubereitungszeit: etwa 40 Minuten (ohne Wartezeit)
Koch- & Bratzeit: 20 Minuten

Einkaufsliste/Zutaten

1 kg Weißkohl
3 rote Zwiebeln
50 g geräucherter, durchwachsener Speck
200 g Fleischwurst
200 g grobe Krakauer-Wurst
200 ml Weißweinessig
2 gehäufte El Zucker
Salz
Weißer Pfeffer aus der Mühle
½ Tl Kümmel
1 El Öl

Garnierung

1 Bund glatte Petersilie
4 gewürfelte Cocktailtomaten

Vorküche

Den Kohl putzen und vierteln, den Strunk entfernen und anschließend in feine Streifen schneiden. Den Kohl in eine große Schüssel geben und mit einem Holzstampfer kräftig durchstampfen. Zwiebeln schälen und in Ringe schneiden. Speck in Würfel und beide Würste ohne Pelle in Scheiben schneiden. Essig, Zucker und die Zwiebelringe in einem Topf aufkochen und noch heiß über den Kohl gießen. Nun herzhaft mit Salz, Pfeffer und Kümmel würzen.

Zubereitung

Geben Sie den Speck mit dem Öl in eine Pfanne und braten Sie ihn kräftig an. Nun kommen die Wurstsorten dazu, beide sollen ebenfalls kräftig Farbe annehmen. Den Pfanneninhalt über den Kohl geben und alles gut miteinander vermischen. Der Krautsalat muss abgedeckt mindestens 45 Minuten lang ziehen. Noch einmal herzhaft abschmecken. Zur Garnitur Petersilie und Tomatenwürfel darüber verteilen.

Servieren

Zum Krautsalat werden frische Laugenbrezeln und ein kühles Bier gereicht.

Merkzettel

Am besten schmeckt der Krautsalat, wenn er über Nacht durchziehen kann – dann haben sich seine Aromen voll entwickelt.

Herzhafter Kartoffelsalat mit Fleischkäseecken

Für 4 Personen
Zubereitungszeit: 40 Minuten
Koch- & Bratzeit: etwa 30 Minuten

Einkaufsliste/Zutaten

1 kg Kartoffeln
1 Tl Kümmel
4 Stiele Petersilie
5 Scheiben Toastbrot
4 Scheiben Fleischkäse à 100 g
2 Eier
1 große Zwiebel
3 El Mehl
6 El Sonnenblumenöl
¼ Gemüsebrühe, Fertigprodukt
4 El Weißweinessig
Salz
Schwarzer Pfeffer aus der Mühle
1 Bund Schnittlauch

Garnierung

Frische Meerrettichraspel und Radieschenstifte

Vorküche

Kartoffeln gründlich waschen, mit dem Kümmel und den Petersilienstielen in einen großen Topf geben und 25 Minuten kochen lassen. Währenddessen vom Toastbrot die Rinde entfernen und in einem Cutter fein mahlen. Fleischkäse diagonal halbieren. Eier verquirlen. Die Zwiebel schälen und fein würfeln.

Zubereitung

Fleischkäsescheiben erst in Mehl wenden, anschließend durch die aufgeschlagenen Eier und danach durch die Toastkrümel ziehen. Panade leicht andrücken und die Scheiben beiseite stellen. Die Kartoffeln abgießen, kalt abschrecken und pellen. Anschließend in dünne Scheiben schneiden. 3 El Öl in einem Topf erhitzen und die Zwiebeln darin andünsten. Mit Brühe und Essig ablöschen. Herzhaft mit Salz und Pfeffer würzen. Die noch heiße Vinaigrette über die Kartoffeln geben. Den Schnittlauch waschen, trockenschütteln und in feine Röllchen schneiden. Zu den Kartoffeln geben und vorsichtig unterheben. Das restliche Öl in einer großen Pfanne erhitzen und die Fleischkäsescheiben darin unter Wenden knusprig goldbraun braten, herausnehmen und auf Küchenpapier abtropfen lassen. Kartoffelsalat eventuell noch einmal mit Salz und Pfeffer abschmecken.

Servieren

Kartoffelsalat auf Teller füllen, Fleischkäsescheiben darauf anrichten und nach Belieben mit Eierscheiben, frischen Meerrettichraspeln und Radieschenstiften garnieren. Vorzüglich zu diesem Gericht schmeckt Kraut.

Merkzettel

Für den Salat fest kochende Kartoffeln nehmen.

Obatzter

Für 4 Personen
Zubereitungszeit: 15 Minuten

Einkaufsliste/Zutaten

½ Zwiebel
100 g reifer Camembert
150 g Doppelrahmfrischkäse
1 El weiche Butter
½ Tl Rosenpaprika
Salz
Schwarzer Pfeffer aus der Mühle
½ Tl Kümmel, im Mörser leicht angestoßen
1 Schuss Bier nach Geschmack

Garnierung

Paprikastreifen und Zwiebelringe

Vorküche

Die Zwiebel fein hacken.

Zubereitung

Camembert und Frischkäse mit der Gabel zerdrücken
und mit der weichen Butter, der Zwiebel und
den Gewürzen gut vermischen
und kräftig abschmecken, wobei ein
kleiner Schuss Bier nicht schaden kann.

Servieren

Mit Bauernbrot oder Salzbrezeln anrichten.
Dazu passt ein kühles Bier.

Merkzettel

Die gehackte Zwiebel kurz unter heißem Wasser
abspülen. Dann ist ihr Geschmack etwas milder
und sie ist bekömmlicher.

Wurstsalat

Für 4 Personen
Zubereitungszeit: 30 Minuten (ohne Wartezeit)

Einkaufsliste/Zutaten

500 g Lyoner Wurst
4 Frühlingszwiebeln
5 Radieschen
1 große Essiggurke
3 El Öl
3 El Weißweinessig
Salz
Weißer Pfeffer aus der Mühle

Garnierung

Schnittlauchröllchen

Vorküche

Die Lyoner Wurst in dünne Scheiben schneiden. Frühlingszwiebeln und Radieschen putzen, gründlich waschen, trockentupfen und zusammen mit der Essiggurke ebenfalls in dünne Scheiben schneiden.

Zubereitung

Die Wurstscheiben mit den Frühlingszwiebeln, Radieschen und der Essiggurke in eine Schüssel füllen und gut vermischen. Aus Öl, Essig, Salz und Pfeffer ein Dressing rühren und über den Wurstsalat geben. Mit dem Salatbesteck alles gut unterheben und gut 30 Minuten ziehen lassen.

Servieren

Serviert wird der Wurstsalat mit kernigem Landbrot und wer mag, trinkt dazu einen Obstler.

Merkzettel

Statt Lyoner Wurst kann man auch Fleischwurst oder Regensburger Wurst verwenden.

Blutwurstgröschtl

Für 4 Personen
Zubereitungszeit: 30 Minuten
Bratzeit: etwa 15 Minuten

Einkaufsliste/Zutaten

800 g Blutwurst
800 g gekochte Kartoffeln
2–3 Zwiebeln
½ Tl Kümmel
1 El Schweineschmalz
250 g Sauerkraut, vom Vortag
Salz
Schwarzer Pfeffer aus der Mühle
½ Tl getrockneter Thymian

Garnierung

In Butter geröstete Zwiebeln

Vorküche

Die Blutwurst häuten und mit der Gabel zerkleinern.
Kartoffeln und Zwiebeln in dünne Scheiben schneiden.
Den Kümmel im Mörser leicht anstoßen.

Zubereitung

Das Schweineschmalz in einer Pfanne erhitzen
und darin die Kartoffeln mit den Zwiebeln anbraten.
Die zerkleinerte Blutwurst zusammen mit dem
Sauerkraut zufügen, kurz mitbraten und herzhaft mit
Salz, Pfeffer, Kümmel und Thymian würzen.

Servieren

Zum Servieren das Blutwurstgröschtl auf
4 Teller verteilen und mit den gerösteten Zwiebeln
bestreut zu Tisch bringen.

Merkzettel

Blutwurstgröschtl ist ein wunderbares Resteessen,
weil Kartoffeln und Sauerkraut vom Vortag darin
ihre Verwendung finden.

Saurer Käs

Für 4 Personen
Zubereitungszeit: 30 Minuten

Einkaufsliste/Zutaten

400 g Romadur
2 rote Zwiebeln
3 El Essig
3 El Sonnenblumenöl
1 Prise Salz
Schwarzer Pfeffer aus der Mühle

Garnierung

Rote Pfefferbeeren

Vorküche

Den Romadur mit Küchenpapier abreiben und so die Rotschmiere entfernen. Die Zwiebeln schälen und in Ringe schneiden. Aus Essig, Öl, Salz und Pfeffer eine Vinaigrette rühren.

Zubereitung

Den Romadur in Scheiben schneiden und auf 4 Teller verteilen. Die Zwiebelringe darüber geben und jede Portion mit dem Dressing beträufeln.

Servieren

Servieren Sie den Käse mit roten Pfefferbeeren bestreut und reichen Sie dazu ein kerniges Schwarzbrot.

Merkzettel

Der Romadur ist ein Rotschmierkäse, er ist die mildere Variante des Limbuger. Wer es gerne würziger mag, greift zum Limburger.

Suppen

Klare Fleischsuppe – Grundrezept –

Für 4 Personen
Zubereitungszeit: 40 Minuten
Kochzeit: 1½ Stunden

Einkaufsliste/Zutaten

800 g Beinscheibe vom Rind
1 Stange Lauch
2 Möhren
200 g Knollensellerie
1 Bund Petersilie
1 Zwiebel
2 Lorbeerblätter
1 Tl Salz
1 Tl schwarze Pfefferkörner

Garnierung

Gehackte Petersilie

Vorküche

Die Beinscheibe abwaschen, Lauch, Möhren, Sellerie putzen, waschen und in grobe Stücke schneiden. Petersilienblätter waschen und hacken. Die Zwiebel nur an der Wurzel säubern.

Zubereitung

Alle Zutaten mit den Gewürzen in einen großen Topf geben. 1½ l kaltes Wasser angießen, auf den Herd setzen und aufkochen lassen. Hitze reduzieren und 1½ Stunden leicht köcheln. Die Brühe durch ein Sieb gießen. Das Beinscheibenfleisch in kleine Stücke schneiden und wieder in die Brühe geben. Mit Pfeffer und Salz abschmecken.

Servieren

Zum Servieren die Suppe in Suppenteller füllen und mit Petersilie bestreuen.

Merkzettel

Diese Fleischbrühe ist die Grundsubstanz für die nachfolgenden Rezepte. Dort wird sie allerdings ohne das Beinfleisch verwendet.

Grießnockerlsuppe

Für 4 Personen
Zubereitungszeit: 20 Minuten (ohne Wartezeit)
Kochzeit: etwa 15 Minuten

Einkaufsliste/Zutaten

1 l Rindfleischbrühe
(siehe Grundrezept S. 20)
4 El Butter
½ Tl Salz
Muskatnuss
3 mittelgroße Eier
150 g Hartweizengrieß
1 Bund Petersilie

Garnierung

Gehackte Petersilie

Vorküche

Die weiche Butter mit dem Handrührer schaumig schlagen,
Salz und frisch geriebene Muskatnuss zufügen.
Nach und nach die Eier und den Hartweizengrieß unterrühren.
Es soll ein fester Teig entstehen.
Anschließend 30 Minuten ruhen lassen.
Die Brühe zum Kochen bringen. Die Petersilie grob hacken.

Zubereitung

Hände und einen Teelöffel anfeuchten. Mit dem Löffel Teig abstechen und mit den Händen Nocken formen. Die Nocken in die kochende Brühe legen und die Hitze sofort reduzieren.
Zugedeckt 15 Minuten in der Brühe ziehen lassen.
Die Nocken sind gar, wenn sie oben schwimmen.

Servieren

In jeden Suppenteller Nocken geben und mit der heißen Brühe aufgießen. Mit gehackter Petersilie bestreuen und servieren.

Merkzettel

Man kann die gehackte Petersilie auch in den Nockenteig geben.

Leberknödelsuppe

Für 4 Personen
Zubereitungszeit: 40 Minuten (ohne Wartezeit)
Kochzeit: 20 Minuten

Einkaufsliste/Zutaten

100 g Rinderleber
1 kleine Zwiebel
4 El Butter
2 mittelgroße Eier
8 El Semmelbrösel
½ Tl Salz
1 Bund Petersilie
1 Tl getrockneter Majoran
Muskatnuss

Garnierung

Frische Majoranblättchen

Vorküche

Die Leber waschen und von allen Häutchen befreien. Die Zwiebel schälen und grob hacken. Beides durch die feine Scheibe des Fleischwolfs drehen. Butter und Eier schaumig schlagen, mit Semmelbröseln und allen Gewürzen vermischen. Die durchgedrehte Leber-Zwiebel-Masse dazugeben und zu einem festen Teig rühren. Wenn der Teig zu flüssig ist, noch etwas Semmelbrösel zufügen. Den Teig mindestens 1 Stunde quellen lassen. Salzwasser zum Kochen bringen. Rinderbrühe erhitzen.

Zubereitung

Hände und einen Teelöffel anfeuchten und aus dem Teig etwa walnussgroße Knödelchen formen. Ins kochende Salzwasser geben, die Hitze reduzieren und etwa 15 Minuten sieden lassen.

Servieren

Zum Servieren die Leberknödelchen in Suppentassen geben, mit der heißen Rinderbrühe aufgießen und mit Majoranblättchen verziert zu Tisch bringen.

Merkzettel

Achten Sie beim Einkauf darauf, dass die Leber ganz frisch ist.

Bayerische Kartoffelsuppe

Für 4 Personen
Zubereitungszeit: 30 Minuten
Koch- & Bratzeit: 30 Minuten

Einkaufsliste/Zutaten

500 g Kartoffeln
2 Zwiebeln
1 Stange Lauch
2 Möhren
100 g geräucherter, durchwachsener Speck
⅛ l Sahne
2 Knoblauchzehen
4 El Butter
1½ l Rinderbrühe (siehe Grundrezept S. 20)
Salz
Schwarzer Pfeffer aus der Mühle
1 Tl getrockneter Majoran

Garnierung

Frische Majoranblätter

Vorküche

Kartoffeln und Zwiebeln schälen, waschen und zerkleinern.
Alles Gemüse putzen und ebenfalls zerkleinern.
Den Speck in kleine Würfel schneiden. Die Sahne halb steif schlagen.

Zubereitung

Zwiebeln, Lauch und Möhren mit dem Knoblauch in der Butter andünsten und die Speckwürfel zufügen. Die Kartoffeln dazugeben und mit der Brühe aufgießen. Mit Salz, Pfeffer und Majoran würzen und im geschlossenen Topf etwa 20 Minuten köcheln lassen. Danach alles mit einem Kartoffelstampfer etwas zerdrücken. Die Suppe sollte sämig, aber nicht zu fein gestampft werden. Einige Kartoffel- und Gemüsestücke sollten noch zu erkennen sein. Noch einmal abschmecken und mit der halb steif geschlagenen Sahne verfeinern.

Servieren

Die Suppe in tiefen Tellern mit frischen Majoranblättern bestreut servieren.

Merkzettel

Getrockneten Majoran zwischen den Händen zerreiben, dann entfaltet sich sein ganzes Aroma.

Käsesuppe mit Brotkrusteln

Für 4 Personen
Zubereitungszeit: 30 Minuten
Koch- & Bratzeit: 30 Minuten

Einkaufsliste/Zutaten

150 g Bergkäse
2 Scheiben Weißbrot
4 El Butter
6 El Mehl
1 Bund Petersilie
1 l Rinderbrühe (siehe Grundrezept S. 20)
¼ l Sahne
Salz
Weißer Pfeffer aus der Mühle

Vorküche

Den Bergkäse auf der Küchenreibe reiben. Das Weißbrot würfeln und in 2 El Butter in der Pfanne kross braten. Die Petersilie waschen, trockenschleudern und fein hacken.

Zubereitung

Die restliche Butter in einem Topf erhitzen und das Mehl auf einmal dazugeben.
Mit dem Schneebesen verrühren und etwas Farbe annehmen lassen.
Nach und nach mit der Rinderbrühe aufgießen und aufkochen lassen.
Unter ständigem Rühren esslöffelweise den Käse zufügen, damit es keine Klümpchen gibt.
Die Sahne angießen und mit Salz und Pfeffer abschmecken.

Servieren

Die Käsesuppe in Suppentassen füllen, mit Brotwürfeln und Petersilie bestreuen.

Merkzettel

Die Käsesuppe kann auch mit Emmentaler oder Gruyère zubereitet werden.

Süße Mehlspeisen

Bayerische Dampfnudeln mit Backobstkompott

Für 4 Personen
Zubereitungszeit: etwa 1 Stunde (ohne Wartezeit)
Koch- & Backzeit: 50 Minuten

Einkaufsliste/Zutaten

Für das Kompott

250 g gemischtes Backobst
1 kleine Zimtstange
2 El Zucker

Für den Teig

⅛ l Milch
500 g Mehl
½ Würfel frische Hefe (20 g)
2 El Zucker
6 El weiche Butter
2 Eier
1 Prise Salz
Mehl für die Arbeitsfläche

Garnierung

Puderzucker

Vorküche

Das Backobst in mundgerechte Stücke schneiden und in ½ l lauwarmem Wasser mindestens 5 Stunden (am besten über Nacht) einweichen. Die Milch erwärmen.

Zubereitung

Das Backobst mit der Zimtstange und 2 El Zucker im Einweichwasser zugedeckt bei schwacher Hitze etwa 10 Minuten kochen.
Das Mehl in eine große Schüssel sieben, in die Mitte eine Vertiefung drücken und die Hefe hineinbröseln. Etwas von der warmen Milch darüber gießen und ½ Tl Zucker darüber streuen. An einem warmen Ort etwa 15 Minuten gehen lassen.
Den Vorteig mit Mehl abdecken und nun alle anderen Zutaten zufügen und zu einem halb festen Teig verarbeiten. Der Teig muss so lange geknetet werden, bis er sich von der Schüssel löst.
Mit einem Küchentuch abgedeckt 1 Stunde an einem warmen Ort gehen lassen.
Den Teig noch mal durchkneten und in 4–6 Stücke teilen.
Diese zu ca. 15 cm langen und 5 cm breiten Fladen drücken, mit 4 El weicher Butter bestreichen und aufrollen. Nochmals ruhen lassen.
In dieser Zeit in einer Pfanne mit gut schließendem Deckel 2 El Butter und ¼ l Wasser mit der Prise Salz erwärmen und die Dampfnudeln in die Flüssigkeit setzen.
Deckel auflegen und zum Kochen bringen. Die Hitze reduzieren und etwa 30 Minuten fertig backen. Auf keinen Fall den Deckel öffnen!
Die Dampfnudeln sind fertig, wenn man ein Knistern in der Pfanne hören kann.
Jetzt haben die Dampfnudeln eine goldbraune Unterseite.

Servieren

Den Deckel nun schnell und vorsichtig vom Topf heben, so dass kein Wassertropfen auf die Dampfnudeln fällt.
Mit einem Spatel die einzelnen Dampfnudeln herausheben und das Backobstkompott dazu reichen. Mit Puderzucker bestreut servieren.

Merkzettel

Alle Zutaten sollten Raumtemperatur haben.

Pfannkuchen mit Aprikosenmus

Für 4 Personen
Zubereitungszeit: 20 Minuten
Koch- & Backzeit: 30 Minuten

Einkaufsliste/Zutaten

250 g Mehl
2 Eier
¼ l Milch
400 g Aprikosen
3 El Zucker
2 cl Marillenlikör
1 El Zitronensaft
2 El Butter

Garnierung

Vanilleeis

Vorküche

Aus Mehl, Eiern und Milch einen Teig rühren und
etwas stehen lassen.
Die Aprikosen halbieren und entsteinen.

Zubereitung

Die Aprikosen mit Zucker, Marillenlikör und Zitronensaft
in einen Topf geben und einmal kräftig aufkochen.
Vom Herd ziehen und ohne Deckel abkühlen lassen.
Die Butter in einer Pfanne erhitzen und aus dem Teig
nacheinander 4 dünne Pfannkuchen backen.

Servieren

Auf jeden Teller einen Pfannkuchen legen,
mit etwas Aprikosenmus bestreichen, zusammenrollen
und mit einer Kugel Vanilleeis servieren.

Merkzettel

Wenn Kinder mitessen, kann der Marillenlikör
durch Fruchtsirup ersetzt werden.

Rohrnudeln mit Kirschkompott

Für 4 Personen
Zubereitungszeit: 40 Minuten (ohne Wartezeit)
Koch- & Backzeit: 30 Minuten

Einkaufsliste/Zutaten

125 g Butterschmalz
¼ l lauwarme Milch
1 Ei
75 g Zucker
1 Prise Salz
1 El abgeriebene Zitronenschale
500 g Mehl
1 Päckchen Trockenhefe
500 g Sauerkirschen
1 Msp. Zimtpulver
150 g Zucker
1 El Speisestärke
Butter für die Form

Garnierung

Puderzucker

Vorküche

Das Butterschmalz schmelzen und 80 g davon in eine Schüssel geben. Die Milch mit dem Ei, dem Zucker, dem Salz, der Zitronenschale, dem Mehl und der Trockenhefe zu einem glatten Teig verarbeiten. Den Teig zugedeckt an einem warmen Ort zur doppelten Menge aufgehen lassen. Nochmals durchkneten und neun gleich große Klöße formen. Die Kirschen entsteinen.

Zubereitung

Eine rechteckige Auflaufform mit Butter auspinseln und die Klöße in die Form setzen. Das restliche Butterschmalz über den Klößen verteilen. Die Form mit einem Deckel oder Alufolie verschließen und im auf 200 °C vorgeheizten Backofen 15–20 Minuten backen. Die Kirschen mit 200 ml Wasser, dem Zimtpulver und dem Zucker in einen Topf geben und aufkochen lassen. 5 Minuten köcheln lassen. Die Speisestärke mit etwas Wasser anrühren und die Kirschen damit binden. Zum Abkühlen in eine Schüssel füllen.

Servieren

Die Rohrnudeln aus dem Ofen holen, mit Puderzucker bestreuen und in der Form zu Tisch bringen. Die Kirschen separat dazu reichen.

Merkzettel

Man kann statt der Sauerkirschen auch Schattenmorellen aus dem Glas verwenden.

Apfelkringel mit Zimt und Zucker

Für 4 Personen
Zubereitungszeit: 30 Minuten
Koch- & Backzeit: 30 Minuten

Einkaufsliste/Zutaten

3 Eier
30 g Puderzucker
150 ml Sahne
150 g Mehl
1 Prise Salz
4 Äpfel
Fett zum Ausbacken
2 El Zucker
1 El Zimt

Garnierung

Hagelzucker

Vorküche

Die Eier trennen. Schlagen Sie das Eigelb mit dem Puderzucker schaumig und vermischen es mit der Sahne. Die Eiweiße steif schlagen und unter den Teig heben. Nun vorsichtig das gesiebte Mehl einarbeiten. Mit einer Prise Salz würzen. Die Äpfel schälen, das Kerngehäuse entfernen und in runde Scheiben schneiden.

Zubereitung

In einer Pfanne reichlich Fett erhitzen. Tauchen Sie die Apfelringe mit einer Gabel in den Teig und backen Sie die Ringe im Fett schwimmend aus. Einen großen Teller mit Küchenpapier auslegen und die Apfelkringel darauf entfetten.

Servieren

Zucker und Zimt mischen, über die noch warmen Apfelkringel streuen und auf Teller anrichten. Wer möchte, kann halb steif geschlagene Sahne dazu reichen und das Ganze mit Hagelzucker überstreuen.

Merkzettel

Säuerliche Äpfel eignen sich besonders gut für dieses Rezept.

Wacholderküchle

Für 4 Personen
Zubereitungszeit: 30 Minuten (ohne Wartezeit)
Koch- & Backzeit: 30 Minuten

Einkaufsliste/Zutaten

250 g Mehl
¼ l helles Bier
3 mittelgroße Eier
1 Prise Salz
12 Wacholderblütendolden
Fett zum Ausbacken

Garnierung

Puderzucker

Vorküche

Aus allen Zutaten einen Teig rühren und 30 Minuten gehen lassen. Die Wacholderblütendolden schütteln, um eventuelle „Bewohner“ zu vertreiben. Unter weich fließendem Wasser abbrausen und gut abtropfen lassen. Das Fett in einer großen Pfanne erhitzen. Einen großen Teller mit Küchenpapier auslegen.

Zubereitung

Die Blütenstängel in den Teig tauchen, abtropfen lassen und im heißen Fett schwimmend ausbacken. Zum Entfetten auf das Küchenpapier legen.

Servieren

Auf Tellern anrichten und mit Puderzucker bestreut servieren.

Merkzettel

Wenn Sie keinen eigenen Wacholderstrauch im Garten haben, sollten Sie die Wacholderblüten nicht an einer viel befahrenen Straße pflücken. Suchen Sie lieber einen Strauch etwas abseits.

Grießschnitten

Für 4 Personen
Zubereitungszeit: 30 Minuten (ohne Wartezeit)
Koch- & Bratzeit: 20 Minuten

Einkaufsliste/Zutaten

1 l Milch
200 g Hartweizengrieß
60 g Zucker
50 g Butter
2 Eier
1 Prise Salz
2 El Zucker
1 Tl Zimt
Butter zum Ausbacken

Vorküche

Aus Milch, Hartweizengrieß, Zucker und Butter unter ständigem Rühren einen festen Grießbrei kochen und abkühlen lassen. Nun die Eier verquirlen und unter den Grießbrei rühren. Eine längliche Auflaufform mit kaltem Wasser ausspülen, die Masse einfüllen und über Nacht im Kühlschrank erkalten lassen. 2 El Zucker mit 1 Tl Zimt vermischen.

Zubereitung

Die ausgekühlte Grießmasse auf ein Brett stürzen und in etwa 1 cm dicke Scheiben schneiden. In einer Pfanne die Butter erhitzen und die Grießschnitten von beiden Seiten goldgelb ausbacken.

Servieren

Geben Sie auf jeden Teller zwei gebackene Grießscheiben und bestreuen Sie die Scheiben mit Zimt und Zucker. Dazu schmeckt ein heißer Milchkaffee.

Merkzettel

Zu den Grießschnitten passt auch selbst gemachtes Apfelmus.

Mehl- & Kartoffelspeisen

Kässpatzen

Für 4 Personen
Zubereitungszeit: 30 Minuten (ohne Wartezeit)
Koch- & Bratzeit: 40 Minuten

Einkaufsliste/Zutaten

500 g Mehl
5 Eier
½ Tl Salz
300 g Allgäuer Bergkäse
5 Zwiebeln
100 Butter
1 Prise Zucker
Weißer Pfeffer aus der Mühle

Garnierung

In Butter geröstete Zwiebeln

Vorküche

Das Mehl mit den Eiern, Salz und ⅛ l Wasser mit dem Handmixer zu einem zähflüssigen Teig verarbeiten. Abdecken und 15 Minuten ausquellen lassen. Den Bergkäse ohne Rinde reiben. Die Zwiebeln schälen und in feine Ringe schneiden. Die Butter in einer Pfanne erhitzen und darin die Zwiebelringe braun braten.
Mit Zucker und Pfeffer würzen.
Einen großen Topf mit Salzwasser zum Kochen bringen.

Zubereitung

Wenn das Wasser kocht, den Teig portionsweise in den Spätzlehobel füllen und mit dem Schlitten ins Wasser hobeln. Mit einem Holzlöffel umrühren, damit die Spatzen nicht zusammenkleben. Sobald die Spatzen an die Wasseroberfläche kommen, werden sie mit einem Schaumlöffel abgefischt. Gut abtropfen lassen. In eine vorgewärmte Form nun lagenweise Spatzen und geriebenen Bergkäse schichten. Die letzte Schicht sollte aus Spatzen bestehen. Darüber kommen nun die gerösteten Zwiebelringe. Servieren Sie die Kässpatzen in der Form und reichen Sie dazu einen Feldsalat.

Merkzettel

Die Kässpatzen sind ein recht üppiges Essen.
Um es leichter verträglich zu machen, trinkt man in Bayern anschließend einen Obstler.

Krautspätzle

Für 4 Personen
Zubereitungszeit: 35 Minuten (ohne Wartezeit)
Koch- & Bratzeit: 30 Minuten

Einkaufsliste/Zutaten

500 g Mehl
5 Eier
½ Tl Salz
500 g Sauerkraut
2 Zwiebeln
½ Tl Kümmel
250 g durchwachsener Speck
2 El Butter

Garnierung

Einige Kümmelkörner

Vorküche

Aus dem Mehl, den Eiern, Salz und ⅛ l Wasser einen zähflüssigen Teig rühren. Abgedeckt 20 Minuten gehen lassen. In einem großen Topf Salzwasser zum Kochen bringen. Das Sauerkraut unter kaltem Wasser abbrausen und abtropfen lassen. Die Zwiebeln schälen und fein würfeln. Den Kümmel im Mörser kurz anstoßen. Den Speck in kleine Würfel schneiden.

Zubereitung

Mit einem Spatzenhobel portionsweise Teig in das kochende Wasser geben, aufkochen und mit einem Schaumlöffel abfischen. In ein Sieb geben, kalt abschrecken und gut abtropfen lassen. So den ganzen Teig verarbeiten. Speck- und Zwiebelwürfel mit Butter in der Pfanne anbraten, das Sauerkraut zufügen und alles kräftig braten. Die Spatzen zufügen und alles gut miteinander vermischen und weitere 2–3 Minuten braten.

Servieren

Richten Sie die Krautspätzle auf Teller an und streuen Sie einige Kümmelkörner darüber.

Merkzettel

Für diese Krautspätzle kann man auch schon fertig gekochtes Sauerkraut nehmen, denn aufgewärmt schmeckt es noch besser.

Schupfnudeln mit Wirsinggemüse

Für 4 Personen
Zubereitungszeit: 45 Minuten
Koch- & Bratzeit: 1 Stunde

Einkaufsliste/Zutaten

Für die Schupfnudeln

400 g Mehl
2 Eier
2 El Wasser
Salz
1 El Öl
1 El Butterschmalz

Für das Wirsinggemüse

1 Wirsingkohl, etwa 1 kg
1 Zwiebel
1 Apfel
2 El Butter
⅛ l Fleischbrühe
½ Tl Salz
Schwarzer Pfeffer aus der Mühle
Muskatnuss

Garnierung

Gehackte Petersilie

Vorküche

Aus den Zutaten für die Schupfnudeln einen festen Nudelteig herstellen. Aus dem Teig eine Rolle formen, Stücke abschneiden und daraus „kleinfingerdicke“ Nudeln formen. Den Wirsing putzen und in dünne Streifen schneiden.
Zwiebel und Apfel schälen und in kleine Würfel schneiden.

Zubereitung

Für den Wirsing die Butter in einem großen Topf erhitzen, Zwiebel- und Apfelwürfel darin anbraten. Den Wirsing zufügen und alles gut miteinander vermischen. Die Brühe angießen und herzhaft mit Salz, Pfeffer und Muskatnuss würzen. Im geschlossenen Topf 30 Minuten garen. In dieser Zeit für die Schupfnudeln Salzwasser zum Kochen bringen und die Nudeln darin etwa 15 Minuten ziehen lassen. Abfischen und abtropfen lassen. Das Butterschmalz in einer Pfanne erhitzen und darin die Schupfnudeln goldbraun braten.

Servieren

Auf jeden Teller Wirsinggemüse geben und die Schupfnudeln darauf legen. Mit Petersilie bestreut servieren.

Merkzettel

Wird der Wirsing schon am Vortag zubereitet und zu den Schupfnudeln nur noch einmal aufgewärmt, hat er ein noch besseres Aroma.

Semmelknödel mit Pfifferlingen

Für 4 Personen
Zubereitungszeit: 1 Stunde
Kochzeit: 45 Minuten

Einkaufsliste/Zutaten

Für die Semmelknödel

10 Semmeln vom Vortag
½ Tl Salz
250 ml lauwarme Milch
1 Zwiebel
1 El Butter
1 Bund Petersilie
3 Eier

Für die Pfifferlinge

1 kg Pfifferlinge
1 Zwiebel
1 Bund Petersilie
1 El Butter
3 El Mehl
¾ l Gemüsebrühe
1 Becher Sahne
Salz
Schwarzer Pfeffer aus der Mühle

Garnierung

Einige Petersilienblättchen

Vorküche

Für die Knödel die Semmeln in dünne Scheiben schneiden. In eine Schüssel legen, salzen und mit lauwarmer Milch übergießen. Die Zwiebel schälen, fein würfeln und in der Butter andünsten. Petersilie fein hacken, mit den Eiern und der gedünsteten Zwiebel zu den Semmeln geben und alles gut vermischen. Die Pfifferlinge mit einem Bürstchen säubern, die Stielenden abschneiden und große Pilze teilen. Die Zwiebel schälen und fein würfeln. Die Petersilie grob hacken.

Zubereitung

Einen großen Topf mit Salzwasser zum Kochen bringen. Mit nassen Händen aus dem Teig Knödel formen und in das Wasser geben. Die Hitze reduzieren und die Knödel 25 Minuten im Wasser ziehen lassen. Für die Pfifferlinge die Zwiebel in der Butter dünsten und die vorbereiteten Pilze dazugeben. Mit Mehl überstäuben, gut verrühren und die Brühe angießen. Einmal aufkochen lassen, die Sahne dazugießen und die gehackte Petersilie unterrühren. Mit Salz und Pfeffer abschmecken.

Servieren

Servieren Sie das Gericht in Suppentellern. Geben Sie zuerst von der Pilzsoße in den Teller und setzen Sie den Semmelknödel in die Mitte. Mit Petersilie garniert zu Tisch bringen.

Merkzettel

Sie können statt der Pfifferlinge auch Steinpilze, Champignons oder andere Pilze verwenden.

Kartoffel-Wirsing-Gratin mit Wurst

Für 4 Personen
Zubereitungszeit: etwa 45 Minuten
Koch- & Backzeit: etwa 1 Stunde

Einkaufsliste/Zutaten

750 g Kartoffeln
3 Regensburger Würste à ca. 80 g
750 g Wirsingkohl
1 Zwiebel
100 g geräucherter, durchwachsener Speck
200 ml Milch
350 ml Gemüsebrühe
1 El getrockneter Majoran
Salz
Pfeffer
1 Becher Schlagsahne
1 El Mehl
1 El Tomatenmark
1 Tl Kümmel
Butter für die Form

Garnierung

Einige frische Thymianblättchen

Vorküche

Die Kartoffeln schälen, waschen und in dünne Scheiben schneiden. Die Regensburger Würste aus der Haut pellen und in nicht zu dicke Scheiben schneiden. Die äußeren Blätter vom Wirsing abtrennen, halbieren, den Strunk entfernen, anschließend in feine Streifen schneiden. Zwiebel schälen und fein würfeln. Den Speck ebenfalls würfeln.

Zubereitung

Die Kartoffel- und Wurstscheiben abwechselnd in eine gebutterte Auflaufform schichten. Milch, 100 ml Gemüsebrühe und Majoran verrühren, mit Salz und Pfeffer würzen und über das Gratin geben. Im auf 200 °C vorgeheizten Backofen etwa 50 Minuten backen. In dieser Zeit Speck und Zwiebel in einem Topf anbraten. Kohl zufügen und mitdünsten. 3 El Sahne und Mehl glatt rühren. Die restliche Sahne mit Tomatenmark und der restlichen Brühe verrühren, zum Wirsing geben und aufkochen lassen. Die Mehlsahne unterrühren. Den Kohl herzhaft mit Kümmel, Salz und Pfeffer würzen und 15–20 Minuten garen.

Servieren

Auf jeden Teller Kartoffelgratin mit etwas Kohl anrichten. Mit frischen Thymianblättchen garnieren. Dazu passt ein kühles Weizenbier.

Merkzettel

Das Kartoffelgratin gelingt besonders gut, wenn Sie mehlige Kartoffeln verwenden.

Kartoffelküchlein

Für 4 Personen
Zubereitungszeit: 40 Minuten
Kochzeit- und Bratzeit: 45 Minuten

Einkaufsliste/Zutaten

1 kg Kartoffeln
1 Zwiebel
100 g durchwachsener Speck
½ Bund Petersilie
150 g Mehl
½ Tl Salz
1 mittelgroßes Ei
Fett zum Ausbacken

Vorküche

Die Kartoffeln in der Schale 20 Minuten kochen. Die Zwiebel schälen und genau so wie den Speck fein würfeln. Petersilie waschen, trockenschleudern und fein hacken.

Zubereitung

Die Kartoffeln pellen und gleich durch die Kartoffelpresse in eine Schüssel drücken. Den Speck in einer Pfanne andünsten, die Zwiebel dazugeben und beides etwas Farbe annehmen lassen. Zu den Kartoffeln in die Schüssel geben. Mehl, Salz, Petersilie und Ei zufügen und gründlich miteinander vermischen. Den Teig zu einer etwa 5 cm dicken Rolle formen und in etwa 2 cm dicke Scheiben schneiden. Die Küchlein im heißen Fett in der Pfanne ausbacken. Zum Entfetten auf Küchenpapier legen.

Servieren

Legen Sie die Teller mit Salatblätter aus und richten Sie die Kartoffelküchlein darauf an. Wer mag, kann die Salatblätter vorher durch ein Dressing ziehen.

Merkzettel

Werden die Kartoffelküchlein ohne Petersilie zubereitet, passt ein Apfelmus besonders gut dazu.

Fleischgerichte

Feiner Zwiebelrostbraten

Für 4 Personen
Zubereitungszeit: 30 Minuten
Koch- & Bratzeit: 20 Minuten

Einkaufsliste/Zutaten

4 mittelgroße Zwiebeln
600 g Rinderfilet
2 El Butter
1 Prise Zucker
Salz
Schwarzer Pfeffer aus der Mühle
100 ml Sahne

Garnierung

Einige Petersilienblättchen

Vorküche

Die Zwiebeln schälen und in dünne Ringe schneiden. Das Rinderfilet in 8 Scheiben schneiden und mit der Hand flachklopfen.

Zubereitung

In einer großen Pfanne 1 El Butter erhitzen und die Zwiebelringe darin goldbraun braten. Mit einer Prise Zucker würzen, herausnehmen und warm stellen.
Für den Rostbraten die restliche Butter erhitzen und das Fleisch darin von beiden Seiten ca. 1 Minute braten. Mit Salz und Pfeffer würzen. Die Fleischscheiben aus der Pfanne nehmen und den Bratensatz mit der Sahne ablöschen und aufkochen.

Servieren

Gießen Sie auf die vorgewärmten Teller einen Soßenspiegel. Das Fleisch darauf anrichten und mit Zwiebelringen belegen. Mit einigen Petersilienblättchen garniert servieren.

Merkzettel

Das Fleisch sollte 1 Stunde vor dem Braten aus dem Kühlschrank genommen werden, damit es Raumtemperatur hat.

Bayerischer Schweinsbraten

Für 4 Personen
Zubereitungszeit: 40 Minuten
Koch- & Bratzeit: 1½ Stunden

Einkaufsliste/Zutaten

1 kg Schweinefleisch (Schulter, Hals, Rippe) mit Schwarte
1 große Zwiebel
1 Möhre
1 Stange Lauch
1 Stück Sellerie
1 Knoblauchzehe
Salz
1 Tl Nelken
1 Lorbeerblatt
5 Pfefferkörner
1 Tl Speisestärke
Pfeffer

Garnierung

Geröstete Zwiebelringe

Vorküche

Den Schweinebraten waschen und gut abtrocknen. Zwiebel, Möhre, Lauch und Sellerie putzen und in feine Würfel schneiden. Knoblauch schälen und grob zerteilen.

Zubereitung

Das Fleisch mit Salz einreiben und mit der Schwarte nach unten in die Bratpfanne des Backofens legen. Mit ¼ l Wasser übergießen und im vorgeheizten Backofen bei 225 °C braten. Nach 15 Minuten den Braten wenden und die Schwarte kreuzweise einschneiden. In die Schnittpunkte Nelken einstecken und 45 Minuten unter häufigem Begießen mit Bratenfond weiter braten. Dann die Zwiebel, das Lorbeerblatt, das zerkleinerte Gemüse, die Pfefferkörner und die Knoblauchzehe dazugeben. Alles noch weitere 10 Minuten braten und dabei die Schwarte mit Salzwasser bestreichen, damit sie schön knusprig wird. Das Fleisch abgedeckt warm stellen. Den Bratenfond mit 1 Tl Speisestärke binden und mit Pfeffer und Salz abschmecken.

Servieren

Richten Sie den Schweinebraten auf vorgewärmten Tellern an und servieren Sie ihn mit gerösteten Zwiebelscheiben.

Merkzettel

Der Schweinebraten schmeckt auch kalt zu einer kräftigen Brotzeit.

Kalbsvögerl

Für 4 Personen
Zubereitungszeit: 40 Minuten
Koch- & Bratzeit: 40 Minuten

Einkaufsliste/Zutaten

4 Scheiben Kalbsschnitzel, dünn geschnitten (je 150 g)
250 g Lauch
Salz
Pfeffer
4 Scheiben Emmentaler
4 Scheiben Frühstücksspeck
20 g Butter
⅛ l Weißwein
1 Glas Kalbsfond (400 ml)
2 El Crème fraîche
Küchengarn zum Umwickeln

Garnierung

Einige Kerbelblätter

Vorküche

Die Kalbsschnitzel waschen, trockentupfen und etwas flachdrücken. Lauch putzen, waschen. In 4 ca. 6 cm lange Stücke schneiden. Anschließend in kochendem Salzwasser 2 Minuten blanchieren und gut abtropfen lassen.

Zubereitung

Die Schnitzel mit Salz und Pfeffer würzen. Mit je einer Scheibe Käse, Speck und einem Stück Lauch belegen. Aufrollen und mit Küchengarn umwickeln. Die Butter erhitzen. Darin die aufgerollten Kalbsvögerl rundherum anbraten. Mit Wein ablöschen und etwa 25 Minuten schmoren. Nun den Kalbsfond nach und nach zufügen. Fleisch herausnehmen. Crème fraîche in den Bratenfond rühren. Mit Salz und Pfeffer abschmecken.

Servieren

Gießen Sie einen Soßenspiegel auf die vorgewärmten Teller und legen Sie die Kalbsvögerl darauf. Dazu passt Feldsalat und Kartoffelbrei.

Merkzettel

Bereiten Sie von den Kalbsvögerln ruhig die doppelte Menge zu. Sie eignen sich gut zum Einfrieren.

Kalbshaxe mit Apfelsauerkraut

Für 4 Personen
Zubereitungszeit: 30 Minuten
Koch- & Bratzeit: 2 Stunden

Einkaufsliste/Zutaten

2 Knoblauchzehen
1 Kalbshaxe (etwa 2 kg mit Knochen)
1 El Öl
Salz
Weißer Pfeffer aus der Mühle
2 Äpfel
1 Bund Petersilie
4 El Bier
1 Dose Sauerkraut (850 ml)
¼ l Apfelsaft
2 Lorbeerblätter
2 Gewürznelken
2 Pimentkörner

Garnierung

Tomatenspalten

Vorküche

Knoblauch schälen und durch die Knoblauchpresse drücken oder fein hacken. Kalbshaxe waschen und trockentupfen. Mit Öl, Salz, Pfeffer und Knoblauch einreiben. Äpfel waschen, entkernen und in Spalten schneiden. Petersilie waschen und grob zerzupfen.

Zubereitung

Die Kalbshaxe auf die Fettpfanne des Backofens setzen und im auf 200 °C vorgeheizten Backofen ca. 2 Stunden braten. Zwischendurch mit Bier einstreichen.
In dieser Zeit das Sauerkraut mit Apfelsaft in einen Topf geben. Lorbeerblätter, Gewürznelken und Pimentkörner zufügen und etwa 1 Stunde bei niedriger Temperatur zugedeckt schmoren lassen. Die Apfelspalten etwa 15 Minuten vor Ende der Garzeit zugeben. Mit Salz und Pfeffer abschmecken.

Servieren

Richten Sie das Sauerkraut mit Kalbshaxe auf einer Platte an. Mit Tomatenspalten und Petersilie garnieren.

Merkzettel

Zu diesem herzhaften Gericht passen wunderbar Semmelknödel.

Schweinshaxen

Für 4 Personen
Zubereitungszeit: 20 Minuten
Bratzeit: 2½ Stunden

Einkaufsliste/Zutaten

2 hintere Schweinshaxen
1 Zwiebel
Salz
Schwarzer Pfeffer aus der Mühle
40 g Butterfett

Garnierung

Einige Blättchen Majoran

Vorküche

Die Haxen gründlich waschen und alle Borsten entfernen.
Die Schwarte rautenförmig einschneiden und gut
mit Salz und Pfeffer einreiben.

Zubereitung

Die Haxen zusammen mit der halbierten ungeschälten Zwiebel,
dem Butterfett und etwas Wasser in eine Kasserolle geben
und im auf 200 °C vorgeheizten Backofen 2 bis 2½ Stunden braten.
Die Haxen dabei häufig wenden und immer wieder mit Bratensaft
begießen. 10 Minuten vor Ende der Garzeit den Grill einschalten,
damit die Haut der Haxen schön kross und knusprig braun wird.

Servieren

Die Haxen auf einer Platte mit Majoranblättchen anrichten
und mit kräftigem Brot, Senf und einem Bier servieren.

Merkzettel

Schneiden Sie vor dem Servieren die Haxe mit einem Ausbeiner
rundherum vom Knochen los.
So lassen sich schönere Scheiben schneiden.

Wurzelfleisch mit Bouillon-Gemüse und Apfel-Kren

Für 4 Personen
Zubereitungszeit: 30 Minuten
Koch- & Bratzeit: 2¼ Stunden

Einkaufsliste/Zutaten

400 g Möhren
500 g Lauch
400 g Knollensellerie
2 große Petersilienwurzeln (ca. 200 g)
800–1000 g Rindfleisch (ohne Knochen), z. B. Hüftdeckel oder Bürgermeisterstück
500 g Suppenknochen
1–2 Lorbeerblätter
1 Tl schwarze Pfefferkörner
Salz
600 g kleine Kartoffeln
½ Bund Petersilie
1 Stück frischer Meerrettich oder
2 El geriebener Meerrettich aus dem Glas
2 Äpfel
1 Tl Weißwein- oder Obstessig
1 El Zucker
Pfeffer
Küchengarn zum Umwickeln

Garnierung

Einige Petersilienblättchen

Vorküche

Möhren, Lauch, Sellerie und Petersilienwurzeln putzen und waschen. 1 Möhre und Petersilienwurzel, etwas Lauch und Sellerie mit Küchengarn zusammenbinden. Fleisch und Suppenknochen waschen.

Zubereitung

1½ Liter Wasser, Lorbeerblätter, Pfefferkörner und etwas Salz aufkochen. Fleisch und Knochen mit dem gebundenen Suppengrün in das kochende Wasser geben. Aufkochen lassen, abschäumen und bei schwacher bis mittlerer Hitze 1½ bis 2 Stunden garen. Inzwischen restliche Möhren längs halbieren und schräg in Stücke schneiden. Lauch schräg in dicke Scheiben schneiden. Sellerie in Stifte, Petersilienwurzel in dünne Scheiben schneiden. Kartoffeln waschen, schälen und in kaltes Wasser legen. Suppenbund und Knochen 15–20 Minuten vor Ende der Garzeit aus der Brühe heben. Kartoffeln und übriges Gemüse zufügen und mitgaren. Petersilie waschen, trockentupfen und fein hacken, einige Blättchen zum Garnieren beiseite stellen. Meerrettich schälen und fein reiben. Äpfel schälen, ebenfalls fein reiben und mit Meerrettich, Essig und Zucker verrühren. Mit Salz abschmecken. Bouillon ebenfalls mit Salz und Pfeffer abschmecken. Fleisch aus der Brühe heben und in dünne Scheiben schneiden.

Servieren

Legen Sie das Fleisch mit dem Bouillon-Gemüse und etwas heißer Brühe auf eine vorgewärmte Platte. Mit Petersilie bestreut servieren. Reichen Sie den Apfel-Meerrettich extra dazu.

Merkzettel

Die restliche Bouillon ist eine leckere Vorsuppe für den nächsten Tag.

Gefüllte Kalbsbrust

Für 4–6 Personen
Zubereitungszeit: 40 Minuten
Bratzeit: 2½ Stunden

Einkaufsliste/Zutaten

1,5 kg Kalbsbrust
100 g Schweinehackfleisch
100 g Tatar
150 Bratwurstbrät
2 El Senf
2 eingeweichte Semmeln vom Vortag
1 Ei
2 rote Zwiebeln
2 Knoblauchzehen
Salz
Schwarzer Pfeffer aus der Mühle
1 Tl Majoranblättchen
Butterschmalz
½ l Bier
1 El Kartoffelstärke
Küchengarn zum Umwickeln

Garnierung

Einige Majoranblättchen

Vorküche

Die Kalbsbrust schon vom Metzger aufschneiden lassen. Hackfleisch, Tatar, Bratwurstbrät, Senf und die eingeweichten und ausgedrückten Semmeln und das Ei gründlich miteinander vermischen. Zwiebeln und Knoblauch schälen und fein hacken.

Zubereitung

Die Kalbsbrust aufklappen und mit der Fleischmasse bestreichen. Zwiebeln, Knoblauch, Salz, Pfeffer und Majoranblättchen darüber streuen und das Fleisch aufrollen. Mit Küchengarn zu einem festen Päckchen schnüren. Das Butterschmalz in einem Bräter erhitzen und das Fleisch von allen Seiten kräftig anbraten. Das Bier angießen und den Braten in den auf 220 °C vorgeheizten Backofen schieben. Etwa 2½ Stunden braten und in dieser Zeit immer wieder mit Bratensaft begießen. Den Bratenfond mit in etwas Wasser aufgelöster Kartoffelstärke binden.

Servieren

Vom Fleisch das Küchengarn entfernen und den Braten in Scheiben schneiden. Auf einer Platte anrichten und mit Majoranblättchen bestreuen. Reichen Sie die Soße separat dazu.
Zur feinen Kalbsbrust passt sahniger Kartoffelbrei und Endiviensalat.

Merkzettel

Kalbsbrust immer beim Metzger vorbestellen.

Ochsenschwanzragout

Für 4 Personen
Zubereitungszeit: 30 Minuten
Koch- & Bratzeit: 3¼ Stunden

Einkaufsliste/Zutaten

3 kg Ochsenschwanz
Salz
Schwarzer Pfeffer aus der Mühle
3 El Mehl
2 Zwiebeln
2 Möhren
1 Stück Sellerie
2 Petersilienwurzeln
2 Knoblauchzehen
2 El Butterschmalz
1 El Tomatenmark
1 Msp. Piment, gemahlen
2 Nelken
2 Lorbeerblätter
½ l Rotwein
1 l Rinderbrühe

Garnierung

Gehackte Petersilie

Vorküche

Die Ochsenschwanzstücke waschen, salzen, pfeffern und im Mehl wenden. Alles Gemüse waschen, putzen und in grobe Würfel schneiden.

Zubereitung

Das Fett in einem großen Bräter erhitzen und darin die Schwanzstücke von allen Seiten anbraten. Das Gemüse zufügen und ebenfalls Farbe annehmen lassen. Nun Tomatenmark und alle Gewürze zufügen und kurz mitrösten. Den Rotwein und die Rinderbrühe angießen und den geschlossenen Topf 2½ bis 3 Stunden auf kleiner Flamme schmurgeln lassen. Sobald sich das Fleisch leicht vom Knochen löst, ist der Ochsenschwanz gar. Alle Stücke aus der Soße nehmen und das Fleisch ablösen. Knochen entsorgen. Die Soße durch ein Sieb gießen, Nelken und Lorbeerblätter entfernen und das Gemüse wieder in die Soße geben. Mit einem Stabmixer das Gemüse in der Soße pürieren und so die Soße binden. Das Fleisch wieder in die Soße geben und eventuell noch einmal abschmecken.

Servieren

Füllen Sie das Ochsenschwanzragout in eine Suppenschüssel. Reichen Sie dazu Semmelknödel und den gleichen Rotwein, den Sie zum Kochen verwendet haben.

Merkzettel

Den Ochsenschwanz schon vom Metzger in Stücke schneiden lassen.

Gebratene Kalbsleber

Für 4 Personen
Zubereitungszeit: 20 Minuten
Koch- & Bratzeit: 20 Minuten

Einkaufsliste/Zutaten

2 Gemüsezwiebeln
5 Radieschen
2 El Butter
4 Scheiben Kalbsleber à 150 g
2 El Mehl
Salz
Schwarzer Pfeffer aus der Mühle

Garnierung

Radieschenstifte

Vorküche

Die Gemüsezwiebeln schälen und in Ringe schneiden.
Radieschen waschen und in Stifte schneiden.

Zubereitung

1 El Butter erhitzen und darin die Zwiebelringe goldbraun braten. Auf einen Teller geben und im Backofen warm halten. Die Leberscheiben im Mehl wenden. Überschüssiges Mehl abklopfen. Die restliche Butter in der Pfanne erhitzen und darin die Leberscheiben von beiden Seiten je 3 Minuten braten. Jetzt erst mit Salz und Pfeffer würzen.

Servieren

Richten Sie die Leberscheiben mit den Zwiebelringen belegt auf einer Platte an.
Setzen Sie neben jede Scheibe einige Radieschenschnitze.

Merkzettel

Leber immer erst nach dem Braten oder Schmoren mit Salz würzen. Sie wird sonst hart.

Fisch, Wild & Geflügel

Rehgulasch mit Preiselbeersoße

Für 4 Personen
Zubereitungszeit: 50 Minuten (ohne Wartezeit)
Koch- & Bratzeit: 2½ Stunden

Einkaufsliste/Zutaten

1,5 kg Rehschulter
10 Wacholderbeeren
10 Pfefferkörner
2 Zweige Thymian
1 Zweig Rosmarin
½ l Rotwein
Salz
Schwarzer Pfeffer aus der Mühle
1 Stange Lauch
2 Möhren
2 rote Zwiebeln
¼ Stück Sellerie
1 El unbehandelte Orangenschale
50 g Butterschmalz
1 Tl Senf
½ l Wildfond (Glas)
1 Tl Speisestärke
2 El Sahne
3 El Preiselbeeren

Garnierung

Petersilienblättchen

Vorküche

Die Rehschulter von Haut und Sehnen befreien und in gulaschgroße Würfel schneiden. Die Wacholderbeeren grob zerdrücken. Das Fleisch mit Wacholder, Pfefferkörnern, Thymian, Rosmarin und Rotwein in einen Gefrierbeutel geben, fest verschließen und 24 Stunden marinieren. Danach das Fleisch aus dem Gefrierbeutel in ein Sieb gießen und die Marinade dabei auffangen. Das Fleisch trockentupfen, mit Salz und Pfeffer würzen. Das Gemüse putzen und in kleine Würfel oder Scheiben schneiden. Orangenschale abreiben.

Zubereitung

Das Butterschmalz in einem Topf erhitzen. Das Fleisch darin portionsweise mit dem Gemüse und den Gewürzen aus der Marinade anbraten. Das gesamte Fleisch in den Topf geben, mit der Orangenschale und dem Senf würzen. Wenig Marinade zugießen. Das Rehgulasch abgedeckt etwa 1½ Stunden bei milder Hitze schmoren, dabei immer wieder etwas Marinade zugießen und einkochen lassen. Dabei sollte die Marinade aufgebraucht werden. Den Wildfond zugießen und in weiteren 30 Minuten auf etwa die Hälfte einkochen lassen. Anschließend die Fleischstücke mit einer Schaumkelle aus dem Topf in eine Schüssel geben. Den Schmorfond durch ein Sieb in einen anderen Topf gießen, mit Salz und Pfeffer abschmecken. Die Stärke mit etwas Wasser verrühren, die Soße damit binden. Die Fleischstücke in die Soße geben und einmal gut durchkochen lassen. Die Sahne dazugeben. Zum Schluss die Preiselbeeren einrühren.

Servieren

Servieren Sie das Rehgulasch in tiefen Tellern und bestreuen es mit einigen Petersilienblättchen. Zum Rehgulasch passen Semmelknödel und Apfelrotkohl.

Merkzettel

Dieses Rehgulasch lässt sich gut vorbereiten und ist ein tolles Gästeessen.

Gespickter Hirschbraten

Für 4 Personen
Zubereitungszeit: 45 Minuten
Koch- & Bratzeit: 1½ Stunden

Einkaufsliste/Zutaten

1 kg Hirschkeule
Salz
Schwarzer Pfeffer aus der Mühle
150 g fetten Speck
2 Möhren
1 Stange Lauch
½ Sellerieknolle
1 El Butterschmalz
¾ l trockener Rotwein
1 Becher Crème fraîche

Garnierung

Preiselbeerenmus

Vorküche

Das Fleisch salzen und pfeffern. Den Speck in längliche Streifen schneiden und 30 Minuten in den Gefrierschrank legen. Mit einem Messer Einschnitte in das Fleisch machen und die gefrorenen Speckstreifen in das Fleisch schieben.
Möhren, Lauch und Sellerie waschen, putzen und würfeln.

Zubereitung

Das Butterschmalz in einem großen Bräter erhitzen und darin das Fleisch von allen Seiten kräftig anbraten. Das Gemüse dazugeben und 5 Minuten mitschmoren. Den Rotwein angießen und im auf 180 °C vorgeheizten Backofen etwa 1 Stunde schmoren lassen. Das Fleisch aus dem Ofen nehmen und warm stellen. Die Soße mit dem Mixstab pürieren. Mit Salz und Pfeffer abschmecken und die Crème fraîche unterziehen. Das Fleisch in Scheiben schneiden.

Servieren

Legen Sie das in Scheiben geschnittene Fleisch auf eine Fleischplatte, gießen Sie etwas von der Soße darüber und setzen kleine Kleckse Preiselbeerenmus neben die Fleischscheiben. Zu Hirschbraten passen Knödel und der Wein, der auch zum Kochen verwendet wurde.

Merkzettel

Wild bitte nur beim Händler oder Jäger Ihres Vertrauens kaufen. Nur so haben Sie die Gewissheit, dass das Fleisch gut abgehangen ist.

Gebratene Poularde

Für 4 Personen
Zubereitungszeit: 20 Minuten
Koch- & Bratzeit: 1½ Stunden

Einkaufsliste/Zutaten

1 Poularde (1,5 kg)
Salz
Weißer Pfeffer aus der Mühle
1 unbehandelte Zitrone
4 Salbeiblätter
1 Stiel Majoran
Saft von 1 Zitrone
1 El weiche Butter
1 Tl Speisestärke
Küchengarn

Garnierung

Petersiliensträußchen

Vorküche

Die Poularde gründlich waschen und trockentupfen. Innen und außen salzen und pfeffern. Die unbehandelte Zitrone halbieren und mit Salbei und Majoran in die Bauchhöhle stopfen. Den Bürzel und die Keulenenden mit Küchengarn zusammenbinden und so die Bauchhöhle verschließen. Das Tier mit Zitronensaft beträufeln und die Butter auf der Brust verteilen.

Zubereitung

Legen Sie die Poularde in eine Fettpfanne oder einen offenen Bräter und braten Sie sie im auf 190 °C vorgeheizten Backofen eine gute Stunde. Den Vogel aus dem Ofen nehmen und mit Alufolie bedeckt 10 Minuten ruhen lassen. Den Bratenfond in einen Topf gießen, soweit möglich mit einem Esslöffel entfetten und mit der in etwas kaltem Wasser aufgelösten Speisestärke binden.
Mit Salz, Pfeffer und einigen Tropfen Zitronensaft würzen.

Servieren

Richten Sie die Poularde auf einer Platte an und verzieren Sie die Poularde mit Petersilie. Erst bei Tisch wird der Vogel tranchiert. Reichen Sie die Soße separat. Zur gebratenen Poularde passen Salzkartoffeln und ein frischer Salat.

Merkzettel

Poulardenfleischreste lassen sich gut für einen köstlichen Geflügelsalat verwenden.

Karpfen in Bierschaumsoße

Für 4 Personen
Zubereitungszeit: 40 Minuten
Koch- & Bratzeit: etwa 30 Minuten

Einkaufsliste/Zutaten

1 kg frischer Karpfen
½ l Weißwein
¼ l Weißweinessig
2 El Salz
1 Zwiebel
2 Lorbeerblätter
6 Gewürznelken
1 Zitrone

Für die Bierschaumsoße

3 Eigelbe
⅛ l Bier
4 cl Eierlikör
4 Tropfen Essig
4 Tropfen Zitronensaft
Salz
Schwarzer Pfeffer aus der Mühle
1 Msp. Kümmelpulver

Garnierung

Einige Petersilienblättchen

Vorküche

Den Karpfen innen und außen waschen. In 4 Portionsstücke zerteilen. In einem Fischtopf Weißwein, Essig und ½ l Wasser mit dem Salz erhitzen. Die Zwiebel schälen, halbieren und die Lorbeerblätter mit den Gewürznelken auf der Schnittfläche feststecken. Die Zitrone auspressen und mit den gespickten Zwiebelhälften in den Kochsud geben und erhitzen.

Zubereitung

Sobald der Sud kocht, die Karpfenstücke hineingeben und alles bei kleiner Hitze etwa 18 Minuten gar ziehen lassen. In dieser Zeit die Eigelbe mit dem Bier im heißen Wasserbad unter ständigem Rühren schaumig schlagen. Die Schüssel aus dem Wasserbad nehmen und in kleinen Mengen den Eierlikör dazugeben. Mit Essig, Zitronensaft, Salz, Pfeffer und Kümmel abschmecken.

Servieren

Mit einem Schaumlöffel die Karpfenstücke auf vorgewärmte Teller legen, mit der Bierschaumsoße überziehen und mit Petersilienblättchen garnieren.

Merkzettel

Dieses Karpfengericht ist ein Klassiker für die Weihnachtstafel.

Steckerlfisch – eine Wies'n-Spezialität

Für 4 Personen
Zubereitungszeit: 30 Minuten
Koch- & Bratzeit: 15 Minuten

Einkaufsliste/Zutaten

4 mittelgroße Makrelen
Salz
2 Knoblauchzehen
1 Tl Salbei
1 Bund Petersilie
Schwarzer Pfeffer aus der Mühle
½ Tasse Öl
1 Zitrone
4 etwa 50 cm lange, dünne Stöcke

Garnierung

Pfeffer aus der Mühle

Vorküche

Die küchenfertigen Makrelen waschen, trockentupfen und innen salzen. Die Außenhaut auf jeder Seite mit einem scharfen Messer dreimal einritzen. Den Knoblauch schälen, durch die Presse drücken und mit Salz verreiben. Salbei und Petersilie fein hacken und mit Knoblauch, Salz, Pfeffer und Öl vermischen.
Mit diesem Würzöl die Fische gründlich einreiben.

Zubereitung

Werden die Makrelen im Garten auf dem Holzkohlegrill zubereitet, werden die Fische auf die Stöcke geschoben und über dem offenen Feuer von jeder Seite 5–8 Minuten gebraten. Dabei muss der Abstand der Fische zum Feuer mindestens 30 cm betragen.
Für die Zubereitung im Backofen legen Sie die Fische auf eine Aluschale und brutzeln Sie die Makrelen unter dem eingeschalteten Grill etwa 10–12 Minuten.

Servieren

Im Garten werden die Fische gleich vom Stock verspeist.
Bei den gegrillten Makrelen aus dem Ofen werden die Fische auf Tellern angerichtet und mit Pfeffer aus der Mühle bestreut.
Dazu passt ein kühles Bier.

Merkzettel

Weidenstöcke eignen sich besonders gut für den Steckerlfisch.

Forelle Blau

Für 4 Personen
Zubereitungszeit: 30 Minuten
Kochzeit: 20 Minuten

Einkaufsliste/Zutaten

4 Forellen, küchenfertig, à 250 g
Küchengarn

Garnierung

Zitronenscheiben
Petersilienblätter

Für den Sud

¼ l Weißweinessig
2 Lorbeerblätter
½ Tl Pfefferkörner
2 Nelken
4 Pimentkörner
4 El Butter

Vorküche

Die vom Fischhändler ausgenommenen Forellen vorsichtig unter kaltem Wasser abspülen, dabei die Schleimschicht der Fische nicht verletzen. Mit Küchengarn die Forellen an Schwanz und Kopf rund zusammenbinden. In einem länglichen Fischtopf mit Einsatz reichlich Salzwasser erhitzen und Essig und alle Gewürze darin einmal aufkochen lassen. Butter in einem kleinen Topf schmelzen.

Zubereitung

Die Forellen auf den Einsatz setzen, in den abgekühlten Sud absenken und einmal aufkochen lassen. Die Hitze zurückschalten und die Forellen 12–15 Minuten im heißen Sud gar ziehen lassen.

Servieren

Die Forellen mit dem Einsatz aus dem Sud heben. Auf Tellern anrichten, das Küchengarn entfernen, mit Zitronenscheiben und Petersilienblättchen garnieren und mit der geschmolzenen Butter servieren. Reichen Sie dazu frische Salzkartoffeln.

Merkzettel

Achten Sie auf die Frische der Fische. Frische Forellen haben leuchtend rote Kiemen, klare Augen und auf Druck bleiben im Fleisch keine Dellen zurück.

Desserts & Kuchen

Bayerische Crème

Für 4 Personen
Zubereitungszeit: 20 Minuten
Wartezeit: 2 Stunden

Einkaufsliste/Zutaten

2 Eigelbe
75 g Zucker
¼ l Milch
Mark einer Vanilleschote
3 Blatt weiße Gelatine
¼ l Sahne
100 g frische Himbeeren

Garnierung

Einige Minzeblättchen

Vorküche

Die Eigelbe mit dem Zucker schaumig rühren. Milch und Vanillemark dazugeben. Im heißen Wasserbad mit dem Schneebesen dickschaumig aufschlagen. Gelatine nach Packungsanweisung auflösen.

Zubereitung

Die Gelatine unter die Crème rühren und etwas stocken lassen. Die Sahne steif schlagen und unter die Crème heben. In mit kaltem Wasser ausgespülte Förmchen füllen und im Kühlschrank 2 Stunden fest werden lassen.

Servieren

Stürzen Sie die Förmchen auf Teller und umlegen Sie die Crème mit den frischen Himbeeren. Auf jeden Teller einige Minzeblättchen als Garnitur verteilen.

Merkzettel

Sie können aus den Himbeeren auch ein Mus bereiten. Zerstoßen Sie die Himbeeren und geben Sie 3 El Zucker und einige Tropfen Zitronensaft dazu. Träufeln Sie das Mus über die Crème oder setzen Sie kleine Kleckse daneben.

Zwetschgen-Pavesen

Für 4 Personen
Zubereitungszeit: 30 Minuten
Bratzeit: 30 Minuten

Einkaufsliste/Zutaten

4 El Zwetschgenmus
½ Tl Zimt
2 El Rum
8 Scheiben Weißbrot, dünn geschnitten
4 Eier
2 Eiweiße
2 El Mehl
2 El Zucker
1 Prise Salz
4 El Butterschmalz

Garnierung

4 El Zucker
1 El Zimt

Vorküche

Das Zwetschgenmus mit Zimt und Rum glatt rühren. 4 Weißbrotscheiben mit der Masse bestreichen und mit den anderen bedecken. Aus den Eiern, Eiweißen, Mehl, Zucker und der Prise Salz einen sämigen Teig rühren.

Zubereitung

Die Brotscheiben fest zusammendrücken und in den Teig tauchen. Sie sollen darin einige Zeit liegen und sich richtig voll saugen. In einer großen Pfanne das Butterschmalz erhitzen. Die Brotscheiben mit einer Gabel aus dem Teig heben und im heißen Fett von beiden Seiten goldbraun ausbraten.

Servieren

Richten Sie die Zwetschgen-Pavesen auf Tellern an und bestreuen Sie die noch warmen Scheiben mit Zimt und Zucker. Sie sollten noch warm verzehrt werden.

Merkzettel

Statt Zwetschgenmus kann auch Apfelmus verwendet werden.

Apfelstrudel

Für 4–6 Personen
Zubereitungszeit: 1 Stunde (ohne Wartezeit)
Backzeit: 50 Minuten

Einkaufsliste/Zutaten

Für den Strudelteig

250 g Mehl
1 Ei
1 Prise Salz
2 El flüssige Butter

Für die Füllung

2 kg Äpfel
75 g Butter
75 g Semmelbrösel
100 g Mandelblättchen
100 g Rosinen
5 El Zucker
½ Tl Zimt
Mehl für das Küchentuch
Butter für das Backblech
75 g flüssige Butter

Garnierung

Puderzucker

Vorküche

Das Mehl in eine Schüssel sieben, in die Mitte eine Mulde drücken und das Ei, Salz und die Butter zufügen. Mit einer Gabel von außen nach innen die Zutaten miteinander vermischen. Dabei nach und nach 4–5 El Wasser angießen. Mit den Händen einen glatten, seidigen Teig herstellen, zu einer Kugel formen und abgedeckt 30 Minuten ruhen lassen. Damit die Kugel nicht austrocknet, dünn mit Butter einpinseln. Äpfel schälen, Kerngehäuse entfernen und in dünne Spalten schneiden.

Zubereitung

Ein großes Küchentuch mit Mehl bestäuben, den Teig ausrollen und anschließend auf dem Tuch ausziehen. Mit dem Handrücken unter den Teig greifen und nach allen Seiten dünn ausziehen. Er soll so dünn sein, dass man das Muster des Handtuchs sehen kann.

Für die Füllung die Butter erhitzen und darin die Semmelbrösel leicht anrösten, gleichmäßig auf dem Teig verteilen. Mandelblättchen und Rosinen darüber streuen und die Apfelspalten darauf anordnen. Mit Zucker und Zimt bestreuen. Die Längsseiten des Teigs über die Füllung schlagen und durch Anheben des Küchenhandtuchs den Teig aufrollen. Auf ein gebuttertes Backblech heben und mit der zerlassenen Butter bepinseln. Im auf 200 °C vorgeheizten Backofen etwa 40–50 Minuten backen.

Servieren

Mit einem Backspatel den Strudel vom Blech heben und dick mit Puderzucker bestreuen. Dazu passt entweder heiße Vanillesoße oder Schlagsahne.

Merkzettel

Verwenden Sie säuerliche Äpfel, das macht den Apfelstrudel noch würziger.

Hefezopf mit Rosinen

Für 4–6 Personen
Zubereitungszeit: 30 Minuten (ohne Wartezeit)
Backzeit: 40 Minuten

Einkaufsliste/Zutaten

500 g Mehl
20 g Hefe (halber Würfel)
⅛ l lauwarme Milch
3 El Zucker
2 Eier
60 g weiche Butter
1 Prise Salz
4 El Rosinen
1 El geschmolzene Butter

Garnierung

2 El Hagelzucker

Vorküche

Das Mehl in eine Schüssel sieben, in die Mitte eine Mulde drücken und die Hefe hineinbröseln. Ganz wenig von der warmen Milch und 1 Tl Zucker darüber streuen. An einem warmen Ort abgedeckt 15 Minuten gehen lassen. Den Vorteig mit etwas Mehl bestäuben, den restlichen Zucker, Eier, Butter, Salz und Rosinen zufügen und verkneten, bis sich der Teig gut von der Schüssel löst. Abgedeckt 1 weitere Stunde an einem warmen Ort gehen lassen. Anschließend noch einmal durchkneten.

Zubereitung

Den Teig in 3 gleich große Stück teilen und jedes Stück zu einer etwa 30 cm langen Rolle formen. Daraus einen Zopf flechten. Ein Backblech mit Backpapier auslegen und den Zopf darauf legen. Noch einmal 15 Minuten gehen lassen und in den auf 200 °C vorgeheizten Backofen schieben. Etwa 40 Minuten backen.

Servieren

Aus dem Ofen nehmen, mit der Butter bestreichen und mit dem Hagelzucker bestreuen. Servieren Sie den Zopf noch warm mit Butter und Marmelade.

Merkzettel

Alle Zutaten sollten Zimmertemperatur haben.

Honigkuchen

Für 4–6 Personen
Zubereitungszeit: 40 Minuten
Backzeit: 50 Minuten

Einkaufsliste/Zutaten

500 g Waldhonig
¼ l Öl
250 g brauner Zucker (Rohrzucker)
100 g Zitronat
80 g Orangeat
600 g Mehl
300 g gemahlene Mandeln
1 Päckchen Backpulver
4 Tl Lebkuchengewürz
1 Päckchen Zitroback
3 Eier

Garnierung

1 El Puderzucker
5 Tropfen Zitronensaft
Hagelzucker

Vorküche

Honig mit Öl und Zucker in einem Topf erhitzen. Anschließend wieder ganz auskühlen lassen. Orangeat und Zitronat sehr fein hacken. Ein Backblech mit kaltem Wasser abspülen und noch feucht mit Backpapier auslegen.

Zubereitung

Das Mehl mit allen anderen Zutaten zu einem Teig verarbeiten und mit dem Honig, Zitronat und Orangeat vermischen. Es muss sich alles sehr gut miteinander verbinden. Mit einem Teigschaber den Teig auf das Backblech streichen. Im vorgeheizten Backofen bei 180 °C etwa 45–50 Minuten backen. Mit dem Backpapier vom Blech ziehen. Puderzucker mit Zitronensaft vermischen und damit den Honigkuchen einpinseln. Sofort den Hagelzucker darüber streuen. Danach in Rauten oder Vierecke schneiden und vom Papier heben.

Servieren

Servieren Sie den Honigkuchen zu heißem Kakao oder Milchkaffee.

Merkzettel

Honigkuchen in luftdicht verschlossenen Dosen lagern. So bleibt er lange frisch.

Vanillekipferl

Für 4–6 Personen
Zubereitungszeit: 30 Minuten
Backzeit: 10–12 Minuten

Einkaufsliste/Zutaten

200 g Mehl
80 g Zucker
100 g gemahlene Mandeln
Mark von 1 Vanilleschote
2 Eigelbe
200 g Butter
3 El Vanillezucker

Vorküche

Mehl mit Zucker, Mandeln und Vanillemark vermischen. Eigelbe und Butter in Stückchen dazugeben und schnell zu einem Mürbeteig verarbeiten. In Frischhaltefolie wickeln und für 1 Stunde in den Kühlschrank legen.

Zubereitung

Den Teig in Stücke schneiden und zu daumendicken Rollen formen. Daumenlange Stücke abschneiden und zu Kipferln formen. Ein Backblech mit Backpapier auslegen, die Kipferl mit dem Backspatel darauf legen und im auf 180 °C vorgeheizten Backofen 10–12 Minuten backen. Der Teig muss noch ganz hell sein. Die noch heißen Kipferl mit Vanillezucker bestreuen.

Servieren

Servieren Sie die frischen Vanillekipferl zum Tee oder Kaffee.

Merkzettel

Beim Backen unbedingt eine Garprobe machen. Jeder Backofen backt anders. Also nach 10 Minuten ein Kipferl aus dem Ofen holen und aufbrechen. Ist der Teig mürbe und nicht mehr nass, sind die Vanillekipferl fertig.

Register